CATTLE OF
THE LORD

CATTLE OF

THE LORD

poems

ROSA ALICE BRANCO

*Translated from the Portuguese by
Alexis Levitin*

MILKWEED EDITIONS

Published 2016 by Milkweed Editions
Printed in the United States of America
Cover design by Mary Austin Speaker
Cover illustration by Karl Bodmer / Wellcome Library, London
Author photo by Amadeu Baptista
Translator photo by Nick Levitin
16 17 18 19 20   5 4 3 2 1
First Edition

This book is supported within the scope of the Luso-American Foundation's 2013 Gregory Rabassa Translation Program.

fundação
LUSO-AMERICANA
PARA O DESENVOLVIMENTO

Milkweed Editions, an independent nonprofit publisher, gratefully acknowledges sustaining support from the Jerome Foundation; the Lindquist & Vennum Foundation; the McKnight Foundation; the National Endowment for the Arts; the Target Foundation; and other generous contributions from foundations, corporations, and individuals. Also, this activity is made possible by the voters of Minnesota through a Minnesota State Arts Board Operating Support grant, thanks to a legislative appropriation from the arts and cultural heritage fund, and a grant from the Wells Fargo Foundation. For a full listing of Milkweed Editions supporters, please visit www.milkweed.org.

Library of Congress Cataloging-in-Publication Data

Names: Branco, Rosa Alice, author. | Levitin, Alexis, translator.
Title: Cattle of the lord : poems / Rosa Alice Branco ; translated from the Portuguese by Alexis Levitin.
Description: Minneapolis : Milkweed Editions, 2016. | "First published in Portuguese as Gado do Senhor" | Description based on print version record and CIP data provided by publisher; resource not viewed.
Identifiers: LCCN 2016021359 (print) | LCCN 2016009681 (ebook) | ISBN 9781571319456 (e-book) | ISBN 9781571314826 (paperback)
Classification: LCC PQ9264.R285 (print) | LCC PQ9264.R285 A2 2016 (ebook) | DDC 869.3/42--dc23
LC record available at https://lccn.loc.gov/2016021359

to my son Hugo
who also

Translation dedicated
to Egito Gonçalves

CONTENTS

L'homme est une maladie mortelle de l'animal.

ALEXANDRE KOJÈVE

CATTLE OF
THE LORD

OFÍCIOS DO MUNDO

Pias são as vacas
aspirando o chão com as manchas brancas
enquanto as negras erguem para o céu
um olhar bovino por cima da casa
onde o pasto secou há muito
nos corações dos homens.
Só a vara lhes cabe na mão.
Ofício do mundo. Contar os minutos quilo a quilo.
Fazedores de carne, do livro de contas,
que contarão ao Senhor
no altar do sacrifício
que ele não saiba ou tenha sido?
No fim da noite bebem o vinho sagrado
de fato sombrio e rosto encoberto
pela lua. Cá fora trocam-se "mus":
mantras de amor sob as estrelas.
Senhor, de quanta compaixão precisas
para apadrinhares o churrasco de domingo?

TASKS OF THE WORLD

How devout the cows
snuffling the ground with their white spots
while the black ones raise toward the sky
a bovine gaze above the house
whose pasture long ago withered
in the hearts of men.
Only the switch still fits their hand.
Tasks of the world. To count the minutes, pound by pound.
Makers of meat, keepers of account books,
at the sacrificial altar
what will you tell the Lord
he doesn't know or hasn't been?
At night's end they drink sacred wine
in a somber suit, faces hidden
by the moon. Out there the cows exchange their moos:
mantras of love beneath the stars.
Lord, how much compassion will it take for you
to be godfather at the Sunday barbecue?

ROTA DO SANGUE

A rota das aves. Essas manhãs em que
levantava a cabeça e elas passavam
rente à infância. Passeavam
no céu como eu passeava cá em baixo. Sem rua
e passeios apinhados na respiração por um segredo
dentro do ouvido. Um tremor, quase a consciência
de ter corpo. Em bando, mais gente que segredos.
Talvez seja por isso que pousam nos telhados vazios.
É o caminho que as escolhe.
Há mais coisas a dizer entre o quê e o quem.
Por exemplo, as aves têm rotas que a guerra desconhece.
Previsível colisão com aviões
este ano (pensa ela),
este país em sangue
no bico das aves.
Elas passavam. Ficam os comboios, os apeadeiros,
o borbulhar de passos que se afastam das aves.
Era o corpo que exigia outros mapas, linhas
sinuosas ou beijos. As manhãs agora fazem perguntas,
por exemplo, quem escolhe uma morte para seguir a rota
dos outros. Sempre uma pergunta sobre o lucro.
Conclui-se que há menos razões que aves
nos telhados solitários. Há menos, mas mais sangue.

SILK ROAD OF BLOOD

The route of the birds. Those mornings when I'd
lift my head and they'd be going by
grazing my childhood. Strolling
the sky as I would stroll below. Without a street and
packed sidewalks jamming their breath for a secret
inside the ear. A trembling, almost a consciousness
of having a body. Flocked together, more people than secrets.
Maybe that is why they land upon the empty roofs.
It is the path that chooses them.
There is more to be said between the what and the who.
For example, birds have routes the war knows nothing of.
Collisions with planes in the forecast
this year (she tells herself),
this country bloody
in the beaks of birds.
They'd be going by. But not the trains, the wayside stations,
the bubbling footsteps further and further from the birds.
It was the body that demanded other maps, sinuous
lines or kisses. But mornings now are asking questions,
for example, who chooses the death of one to follow the route
of another. And always the question of profits.
One concludes that there are fewer causes than birds
upon the solitary roofs. Fewer causes, more blood.

CARÍCIA DIVINA

Cordeiro do Senhor nunca queiras escravo.
A lua como uma hóstia branca
ilumina o meu corpo a deslizar no teu.
Porque deus é amor e nós fiéis.
Porque nos fez com uma carícia
assim te acaricio e me cobres
de felicidade pela noite dentro.
Bendito seja quem assim ama.
Livrai-nos Senhor de todos os cordeiros
e dai-nos um ao outro cada dia.

DIVINE CARESS

Lamb of God, never wish for slaves.
The moon like a white host
lights up my body sliding over yours.
For God is love and we the faithful.
And since he made us with a touch
I touch you, too, with this caress as you cover me
with happiness throughout the night.
Blessed be he who loves like that.
Free us, Lord, of all the lambs and sheep
and give us this, our daily one another.

VIOLAÇÃO E FUGA

Cada coisa a seu tempo. É o que parece
quando olhamos o campo escurecer.
Por um momento as flores cintilam mais
que o meio-dia. É sempre assim antes da morte.
No ar formas vagas de aves, testemunhos passageiros.
Alguns insectos esmagados, a erva horizontal. Húmida
como se tivesse chovido. Quem conduz sabe que os gritos
correm mais depressa que as palavras. Sem faróis no escuro
da garganta. Senhor, o teu cordeiro foi tosquiado,
a lã rasgada pelo chão como sementes.
Para que manto envergarás este dia? Era quase noite,
quase tempo. A roupa arrancada à pressa.
É este o trigo da tua colheita?

RAPE AND RUN

Everything in its time. That's how it seems
when we look at the darkening field.
For a moment the flowers gleam more
than at noon. It is always like that just before death.
In the air the vague shapes of birds, passing witnesses.
A few smashed insects, horizontal grass. Moist
as if it had been raining. Whoever drives knows that screams
travel faster than words. Without headlights in the darkness
of the throat. Lord, your lamb is shorn,
torn wool scattered on the ground like seeds.
For what cloak will you invest this day? It was almost night,
almost time. Clothes ripped away.
Is this the wheat of your harvest?

O CÃO QUE ME TINHA

Eu tive um cão ou era ele
que me tinha e me deixava à solta
guiada sem saber que ia.
Tomava as minhas feridas,
a tristeza que eu pudesse ter
e sofria dela como eu nem sofria.
Trocava de mal trocando-lhe as voltas.
Punha a coleira ao pescoço
e levava-me a passear
como se eu fosse o dono.
E à noite dormia no chão
ou então fingia. Eu acordava
com um servo aos pés da cama,
armava-me em amo
e era ele que me tinha.
Exímio no silêncio
e no uso das armas
com que me defendia
de todos e também de mim:
a linha veloz do pêlo luzidio,
o frémito da língua,
o focinho em arco para a escuta.
Era um cão que me tinha
e uma tarde de verão
atirei-lhe um osso gostoso
antes de o deixar no canil.

THE DOG THAT HAD ME

I had a dog or rather he
had me and left me free,
guided without knowing it.
He took on my injuries,
whatever sorrows I might have had,
and suffered them as I had never suffered.
He confounded my ills, turned things around.
He put my collar round his neck
and took me for a walk
as if I were his owner.
At night he slept down on the floor
or else pretended to. I would awake
with a servant at my feet,
and hold myself just like a master,
while it was really he who had me.
Peerless he was in silence
and in the use of arms
with which he would defend me
from others and from myself, as well:
the swift line of glistening fur,
the quivering of the tongue,
the muzzle flexed for listening.
It was a dog who had me
and on a summer afternoon
I threw him a delicious bone
then dropped him at the pound.

A SONO SOLTO

Por esse tempo veio Ele à terra.
Estávamos ofegantes de mil acrobacias
com a fogueira a ecoar gemidos.
Caímos no sono
e nem percebemos se o parto foi normal.
Mas o nosso bafo transformou o mundo
e fizeram de nós ídolos de barro.
Posso jurar que na última ceia
não estivemos ao lado ou à direita
de quem quer que fosse. Não omitimos
ou negámos. Nem sequer matámos
a nossa sede. Tão pouco soubemos
e ninguém nos disse. Era já tarde
quando acordámos nesse dia.
E quem podia saber que ainda é tarde?

LIKE A LOG

In those days He came down to earth.
We were panting from our thousand acrobatics
with the fire echoing our bovine groans.
We fell asleep
and didn't even notice if the birth was normal.
But our heavy breath transformed the world
and made of us clay idols.
I can swear that at the last supper
we were not by the side or to the right
of whoever was there. We omitted
and denied nothing. We didn't even kill
our thirst. Nor did we understand
and no one told us anything. It was already late
when we awoke that day.
And who could have known it is still too late.

PARÁBOLA DOS TALENTOS

O que fizeste dos teus talentos?
Arrumei a roupa no armário,
pus canela no dorso do peixe,
deixei-me ficar à mesa depois do almoço
à conversa com a família.
O meu pai afunda-se na memória
que lhe nega o leito.
Mas duplicou e acariciou sempre os talentos
com os dedos febris e todos os minutos.
Passeio de rua em rua,
as árvores vertem-se no alcatrão.
Mais cedo ou mais tarde as folhas
acabarão por ser varridas do passeio.
Chamemos vento a esta desaparição.
Continuemos a dar nomes a tudo
o que perdemos em nome das palavras.

O que fizeste?
Passeei e esqueci-me.
Fui buscar a minha mãe a um sítio qualquer.
Entrou no carro: um apeadeiro
para entrar na minha infância
com a porta travada.
A água do mar corre pela sala
e quando a maré enche
deslizo pelo corredor até à cama.
As gaivotas mantêm-se à distância
porque eu não sou um peixe ofegante
nesta cidade que desabriga.

PARABLE OF THE TALENTS

What have you done with your talents?
I straightened out my wardrobe,
sprinkled cinnamon on the fish's back,
allowed myself to stay at table after dinner
chatting with the family.
My father flounders in memories
that deny him his river bed.
But he always doubled and caressed his talents
with feverish fingers and all his minutes.
I stroll from street to street,
the trees spill themselves on the asphalt road.
Sooner or later the leaves
will end up swept away from the sidewalk.
Let's call their disappearance *wind*.
Let's go on giving names to all
we've lost in the name of words.

What have you done with your talents?
I strolled about and I forgot.
I went to pick my mother up some place or other.
She got in the car: a wayside station
leading her back to my childhood
with all doors locked.
The waters of the sea run through the room
and when the tide is high
I glide along the corridor to bed.
The seagulls keep their distance
for I am not a gasping fish
in this unsheltering city.

O que fizeste dos teus talentos?
Ao domingo os bancos estão fechados
e eu não tenho pá.
E tu, que fizeste dos talentos da tua mãe
quando a dor lhe sofria o chão
que rastejaste até ao Calvário?
Todos os dias ela pergunta:
Estás morto?
E eu digo: levanta-te,
ainda não acabaste os teus talentos:
estamos todos podres
e só duplicámos as dúvidas.

What did you do with your talents?
On Sunday the banks are closed
and I don't have a spade.
And you, what did you do with your mother's talents
when pain made her suffer the ground
you dragged yourself across toward Calvary.
Every day she asks:
Are you dead?
And I say: arise.
You haven't finished all your talents yet:
all of us are rotten through
and the only thing we've doubled is our doubt.

CAMINHOS QUE NÃO LEVAM A NADA

São peritos no amor. Um homem apita sem parar
no meio da bicha. Morrer de impaciência
é uma das maneiras de não morrer sozinho.
Morrer contra todos os que estão à frente.
Solidário com os de trás, na mesma ignorância
com que se nasce. Há uma capela do lado esquerdo.
Logo de manhã antes dos automóveis.
Um homem confessa-se e será perdoado.
Há sempre alguém para nos conduzir.
Pregar o amor nas veredas estreitas da alma.
Mas se desatentos a quem nos estende a mão
pode um prego entrar na pele
e só terás a salvação de nos salvar.
A bicha aumenta. O cruzamento entupido
pela extensão da tua cruz.

PATHS THAT LEAD NOWHERE

There are specialists in love. A man beeps without stopping,
stuck in a line of traffic. To die of impatience
is one of the ways of not dying alone.
To die against all of those in front of you.
In solidarity with those behind, in the same ignorance
with which one is born. There is a chapel to the left.
Early in the morning, before any cars.
A man confesses and will be pardoned.
There is always someone to guide us.
To preach love in the narrow pathways of the soul.
But if we don't notice to whom we extend our hand
a nail can sink into our flesh
and your only salvation would be saving us.
The line gets longer. The cross street clogged
by the extension of your cross.

SABOTAGEM FERIDA

De toda a parte tropeçam no vermelho.
É sempre a mesma cor,
sempre a escorrer do mesmo modo.
Às vezes é por dentro das entranhas
que o vermelho tinge.
O coro de feridas está afinado.
Domingo é comunhão solene com vermelho
para toda a gente.
Apertamos as mãos contra a barriga
a segurar o ruído do corpo
ao bater no chão. Oiço o teu balido
e rolo alegremente nos lençóis.
Não me cabe sabotar a vida (pensa ela)
porque tudo isto existe ao mesmo tempo
e vem açoitar-me nos teus lábios.

WOUNDED SABOTAGE

They bump into red wherever they go.
It's always the same color,
it always flows the same way.
Sometimes it's deep in entrails
that red spreads its dye.
The chorus of wounds is in tune.
Sunday is solemn communion with red
for everyone.
We press hands against bellies
holding in the sound of body
hitting ground. I hear your bleating
and roll joyfully in the sheets.
It's not for me to sabotage this life (she tells herself)
for all of this exists at once
and comes to lash me at your lips.

ANIMAIS DA TERRA

O caracol avança tenazmente
para que o tempo erga o seu império com o visco
que alastra pelo solo. E se nasce uma árvore,
é pela resina que a morte se infiltra
na candura dos animais, na sua sombra.
Eles ignoram que as antenas do caracol
prevêem cada naufrágio antes do nevoeiro
sobrevoar as ilhas e morrem com os olhos,
o corpo ainda a contorcer-se nos ramos.
Os animais vêem para dentro.
Vivem até ao último coágulo e depois a seiva
da árvore esbanja-se sob o manto da terra
a animar as partículas ínfimas em que se tornaram.
As almas descem. É por isso que o mundo não acaba.

ANIMALS OF THE EARTH

The snail advances with tenacity
so time may raise its kingdom with the slime
that spreads across the ground. And if a tree is born
it's through its resin that death infiltrates
the guilelessness of animals, its shadow.
They cannot know that the snail's antennae
foresee each shipwreck before the fog
overflies the islands and they die through their eyes,
bodies still writhing on the branches.
Animals see within.
They live to the last clot of blood and then the sap
of the tree lavishes itself upon the mantle of the earth,
animating the tiny particles they have become.
Souls descend. That is why the world never ends.

RECEITUÁRIO PARA AS ALMAS

Mesmo se (como ela hesita)
a morte é falsa e tu te levantasses
era preciso desenhar o caminho de volta.
Apagar as margens. Perguntas-me se o amor
pode este desalinho. Crer é difícil e
mais ainda é não acreditar. Estreito o caminho
que inventamos para nos perdermos. Ela sabe
como são altos os muros da salvação.
É só isto que sabemos? Custa mais aceitarmos
a ignorância do que um muro? Se a morte é falsa
deixa-te estar deitado. Tens um lençol de terra
e não precisas de acreditar em nada. Não é com desespero
que to peço. É mesmo por não valer a pena. Pelo menos
nas noites frias esfregamos os ossos um no outro,
e ficamos a ver as estrelas a chispar em nós.

PRESCRIPTIONS FOR THE SOUL

Even if (how she hesitates)
death were a lie and you could get up,
you would have to draw the journey back.
And erase the borders of the way. You ask me whether love
could lead to so much disarray. It's hard to believe
and even harder not to. The road
that we invent in order to get lost is narrow. She knows
how high salvation's walls can rise.
Is that the extent of what we know? Is it harder for us to accept
ignorance than a wall? If death is a lie
just keep on lying down. You have a sheet of earth
and no need to believe in anything. It isn't in despair
that I am asking this. But just because it really isn't worth it.
At least on the coldest nights we rub our bones together
and lie there watching stars spark from the two of us.

RISO SOBRE A ERVA

Inspiramos lentamente,
e o ar brinca-nos no corpo
sem pressa de vir juntar-se ao ar
cá fora. Ensinaram-nos
a ruminar o vazio e por isso entramos
um no outro, nós que nunca fomos matéria
e a esta escala a velocidade da luz
é irrelevante para o infinito.
Temos os ouvidos cheios dos gritos
dos pregos a perfurarem o silêncio
das tuas mãos. Se não te salvas
da tua própria morte, ainda que sejas
também deus, se morres em nosso nome
e continuas a morrer de nós, só nos resta
celebrar a vida. Vem amor, tens um riso
calcado sobre a erva e o teu peso
atravessa-me o corpo: eterno sofredor
no chão de tamanha alegria.

LAUGHTER IN THE GRASS

Slowly we breathe in,
and the air plays throughout our bodies
in no rush to join the air
outside. They teach us
to ruminate the void and that is why we enter
one another, we who were never matter,
and at this scale the speed of light
is irrelevant to the infinite.
Our ears are filled with the cries
of nails piercing the silence
of your hands. If you don't save yourself
from your own death, even though you are
also god, if you die in our name
and go on dying of us, all we can do
is celebrate this life. Come, my love, your laughter
presses down the grass and your weight
pierces my body: eternal sufferer
on the ground of such a joy.

DIA DOS MORTOS

Todos os caminhos vão dar ao mesmo.
Escolho um número e uma árvore
e se está sol sento-me na pedra:
tudo depende da resposta que se espera.
A invasão neste dia é como dizer: morreste.
Não é tanto estar morto que faz mal,
é estar do outro lado com tanta terra entre nós
e eles saberem hoje que somos mortais.
Aqueles que amam ainda mais ferozmente
do que os vivos—porque são alheios
a tudo o que fazemos—, esperam uma vez por ano
flores iguais a nós, arrancadas à vida,
frescas por uns dias. Quando pendem os caules,
sabem que estamos perto,
que entramos pelos poros da terra até ao fundo
à procura deles. E não sei se podem suportar
mais esta dor dentro do frio fora de nós.

DAY OF THE DEAD

All roads lead the same way.
I choose a number and a tree
and if there is some sun I sit down on the stone:
everything depends upon the answer one is waiting for.
The invasion on this day is like saying: you have died.
It isn't so much being dead that hurts,
it's their being on the other side with so much earth between
and knowing now today that we are mortal.
Those who love more fiercely
than the living—since they are foreign to
all we do—they wait just once a year
for flowers like ourselves, torn from life,
fresh for a few days. When the stems begin to bend,
they know that we are close,
entering through the pores of the earth to the very depths
in search of them. And I don't know if they can bear
any more such pain inside the cold outside of us.

TROCAR DE SANGUE

Os altares do sacrifício estão sempre acesos.
Somos o teu gado, Senhor.
Às vezes ordenas que suspendamos a mão sobre o filho.
A faca no ar perdeu o peso?
Agradecemos esta vez como se fosse sempre
mas deixamos o gume apontado ao coração dos homens.
Troca-se filho por cordeiro, troca-se de sangue
como se troca a camisa.
Um homem está sentado à porta da taverna
entre o vinho e sol. Tem os dentes podres
cheios de buracos. A respiração passa pelas gengivas.
Também elas em sangue e vinho.

EXCHANGE OF BLOOD

The sacrificial altars are always burning.
We are your cattle, Lord.
Sometimes you order us: hold back the hand above your son.
Has the knife in the air lost its weight?
We thank you this time as if it were for always,
but we leave the blade aimed at human hearts.
Son exchanged for lamb, blood for other blood,
the way one changes shirts.
A man is seated at a tavern door
between the wine and sun. His rotten teeth are
filled with cavities. His breath passes through his gums.
They, too, are bathed in blood and wine.

CAIXA DE AFORRO

Sigo os números que conduzem a ti.
O rosário dos ossos desfia este amor
que não cabe nas mãos. A carne é fraca,
a madeira porosa e tudo o que respiro te consome.
Fecho os olhos e os teus passos tocam de novo
o chão da casa. Mas as tábuas já não rangem
e começo a compor as flores a teu pés.
Continuo a falar em pés como quando te espreguiçavas
no meu sono, mas agora dormes até tarde
e só acordas em mim nas coisas que fizemos.
Rimos delas, ali na laje clara deitada entre tu e eu.
Quando saio de nós as pessoas olham com estranheza
o meu sorriso e percebo que anoiteceram por dentro,
que os ouvidos não ouvem o remexer da terra
e os dedos deixam cair as sementes.
Vêm com baldes e vassouras branquear a morte
e dão-lhe toda a tristeza que pouparam
para hoje. Alguns são avaros até às lágrimas
e deitam-se em gemidos desde que se lembram.
Quando o luar entra em jorros pelas janelas
dizem que é só mais uma morte do sol,
o reflexo alumiando os vermes dentro da cova.

SAVINGS BANK

I follow the numbers that lead to you.
The rosary of bones tells this love
that does not fit within my hands. The flesh is weak,
wood is porous, and everything I breathe consumes you.
I close my eyes and your footsteps pass again
across the floor. But the boards no longer creak
and I begin to arrange the flowers at your feet.
I go on talking about feet as when you used to stretch
in my sleep, but now you sleep till late
and only waken through me in the things we did.
We laugh at them, there on the pale slab lying between you and me.
When I leave us, people give a strange look
at my smile and I notice that their night has fallen,
their ears no longer hear the stirring of the earth,
and they let their seeds trickle through their fingers.
They come with buckets and brooms to whitewash death
and give it all the sorrow they have saved
for today. Some are misers unto tears
and have lain down groaning for as long as they remember.
When moonlight comes gushing through the windows
they say it's just the sun dying once again,
a reflection dimly lighting the maggots in the grave.

ÁGUA MOLE EM PEDRA DURA

Somos apenas o universo
como ele nos é. À noite cato estrelas
no teu corpo e as carícias que me vestem
são cúmplices da água.
Mastigamos o solo na erva que nos pasta
e espalhas sobre mim gotas de mar.
Como água em rocha, flexível e exacta,
entras na minha pele, maré a encher.
Só temos asas porque temos corpo.
Anjos de nós, é rés do solo que
a música nos despe nas alturas. Tão ágeis
como figuras do Kamasutra.

WATER ON STONE

We are just the universe
as it is us. At night I groom the stars
from your body and the caresses that clothe me
are accomplices of water.
We chew the earth in the grass that grazes us
and you sprinkle me with sea drops.
Like water on stone, flexible and exact,
you enter my skin, a rising tide.
We only have wings because we have a body.
Our own angels, it is music grazing the earth
that leaves us naked on the heights. As agile
as figures from the Kama Sutra.

AS VESPAS DE PALERMO

A virgem sorri-me com boca de mosaico,
os meus olhos mergulham nos arabescos do chão,
geometria do sol descendo as ruas de Palermo.
Insectos aceleram bzz bzz até nas passadeiras
e Cristo impávido na igreja em frente.
Mas Cristo não atravessa as ruas:
está um pouco acima da cruz, um pouco antes.
Os anjos abandonam a escuridão do templo.
As vespas parecem pirilampos
e bzz bzz são as asas dos anjos
conversando sobre os turistas do dia.
O bzz bzz das vespas cá em baixo é de encontros
na noite de Palermo. Assentos tão etéreos
com um copo na mão, a outra na cintura
e nos punhos das vespas, vespas, vespas
atordoando o riso, o beijo passageiro.
E já os anjos estão a postos na sua nudez redonda
enquanto as vespas dormem um sonho de alcatrão.
A ceia prepara-se. Cristo não nega o seu lugar à mesa.
Entre um bzz bzz e outro, olho-te no b barroco ou bizantino
e não aceito a tua morte, tu que atravessas acima das vespas,
vespas, vespas, acima do Etna que sobe ao céu
enquanto dentro se cozinham os infernos: a tua ceia,
os restos que deixaste para nós no microondas.

THE VESPAS OF PALERMO

The virgin smiles at me with her mosaic mouth,
my eyes drown in arabesques on the ground,
the sun's geometry descends Palermo streets.
Insects accelerate bzz bzz even at the crosswalks
and Christ impassive in the church across the way.
But Christ does not cross the streets:
he is just above the cross, just before it.
Angels are abandoning the darkness of the temple.
The vespas seem like fireflies
and their bzz bzz are the wings of angels
discussing the tourists of the day.
The bzz bzz of the vespas here below, getting together
in the Palermo night. Such ethereal seats
with a glass in one hand, the other on a hip
and on the handlebars of vespas, vespas, vespas
passing kisses, stupefying laughter.
And angels back at their posts in rounded nakedness
while the vespas sleep an asphalt dream.
Supper is being readied and Christ does not deny his place.
Between one bzz and another, I look at you
in the b, baroque or byzantine, and don't accept
your death, you who cross above the vespas,
vespas, vespas, above Mount Etna rising to the heavens,
while inside they are brewing hell: your supper,
scraps you've left for us in the microwave.

MENOS UM

Cada dia tens menos um cabelo,
um sapato e a mão para o calçar.
Foste colhendo a tua morte
e deitas-te para que a noite continue
o que sequer começaste.
Cada dia tens menos um coração,
menos uma noite. Ainda te restam
umas piadas que outros já disseram,
um copo de esquecimento, uma ou outra
opinião. O fundo da garrafa que beberam
por ti. Resta-te a ignorância de que tudo isto
foi obra tua. Menos uma boca, uma criança
alada. Menos uma cidade onde as preces
se colam ao vazio. Os teus passos presos
ao chão são menos o olhar que a manhã
oferece. A mão que te resta está fechada.
A alegria projecta sombra na parede dos teus dedos.
O que sobra de ti não enche o caixote de lixo.

ONE LESS

Each day you have one less hair,
one less shoe and hand to pull it on.
You've gathered your death
and you lie down so that the night may continue
what you haven't even begun.
Each day you have one less heart,
one less night. You still have
a few jokes that others have already told,
a glass of forgetfulness, some opinion or other.
The bottom of the bottle they have drunk instead of you.
And what you're left with is not knowing that all of this
was your own doing. One mouth less, a winged
child. One less city where prayers
are stuck to emptiness. Your footsteps bound
to the ground have one less gaze offered by the morning.
The hand still left to you is closed.
Joy projects a shadow on the wall of your fingers.
What remains of you won't fill a garbage can.

SÓ OS GATOS

Hoje os gatos não comeram.
Foram-se juntando aos poucos no telhado
e nem a chuva os fez abrir a língua.
Nem a água desaguou a voz, ou os gatos miaram.
Aquelas passadas que só os gatos sabem
afastaram-nos das palavras incisas em mármore
ou no granito deitado. Do plástico florido.
Das flores que a ausência perpetua.
Hoje as campas estão silenciosas
e os gatos com as garras espalmadas contra as telhas,
com o olhar que só os gatos olham,
não sabem ainda se perderam a fé na vida
ou mais na morte. Sentem um nó
inominado na garganta como todos nós.
No cimo do telhado dizem não ao céu.
Querem afirmá-lo de perto.

ONLY THE CATS

The cats ate nothing today.
They gathered slowly on the roof,
not even the rain made them open their tongues.
Nor did the water drain their voice. The cats did not meow.
That gliding stride that belongs to cats alone
led them away from the words engraved in marble
or recumbent granite. From flowered plastic.
From the flowers that absence perpetuates.
Today the graves are silent
and the cats with their claws flattened against the tiles,
with that gaze that only cats can gaze,
still don't know if they have lost their faith in life
or even more in death. They feel an unnamed
knot in the throat like all of us.
From the rooftops they say no to the heavens.
They want to make it clear close-up.

MORE IS LESS

Cada dia temos mais mortos.
Ou são eles que nos têm,
que nos prendem ao chão pelos cabelos.
Se temos frio, estremecem
e saciam quando bebemos.
Somos a sombra em redor do copo
e quase as mãos que rodam nas palavras.
Apanham-nos pela nuca. É assim que respiram
aos ouvidos. E nós levados pelo canto da sereia
nem suspeitamos que vamos servindo a morte.
Infestados pelo medo: uma carta, um murmúrio,
dias de festa, esses lugares de tristeza onde se ri por dantes.
E se tudo isto for o resumo da nossa história?
Falta ainda o tempo em que morrer é o menor dos males.
Quando se poupa em tudo o que se faz. Algum esbanjamento
é permitido como se fosse o último cigarro. A morte
é a soma dos juros dos bens que nos negaram.

MORE IS LESS

Every day we have more dead.
Or is it they who have us,
who tie us to the ground by our hair.
If we are cold, they shiver
and their thirst is quenched when we drink.
We are the shadow around the glass
and almost the hands that round the words.
They grab us by the nape. And that is how they breathe
into our ears. And we carried off by the siren's song
never suspect that we are busy serving death.
Infested with fear: a letter, a murmur,
festive days, those places of sadness where one laughs for before.
And what if all this were the summary of our history?
What's still to come is a time when dying is the least of our worries.
When one holds back in all one does. Some small extravagance
is still allowed, as if it were a final cigarette. Death is the sum total
of all the interest from the capital we've been denied.

A PRETO E BRANCO

Zebrar em pleno coração. O médico falou
em pericárdio, mas os médicos são gente periférica.
O riscado é interdito no céu. As nuvens são zebras
todas brancas, zebranjos lívidos de medo
sem terra que os salve. Subitamente da vertical
ao peito horizontal na passadeira
como dois círculos a interceptar as riscas.
Zebrar é um desporto que não quero correr. Senhor,
ergue o asfalto para que o teu povo atravesse:
os viadutos são as novas catedrais
e nós os fieis do alcatrão. Em cada três segundos
alguém zebra ou fica ferido. Somos todos
funcionários do medo. Por outras razões.

BLACK AND WHITE

To zebra in the middle of the heart. The doctor spoke
of the pericardium, but doctors are peripheral people.
Stripes are forbidden in heaven. Clouds are zebras
totally white, zebrangels livid with fear,
without land to save them. Suddenly a breast from vertical
to horizontal at the zebra crossing
two circles intersecting all those stripes.
To zebra is a sportive risk I will not run. Lord,
lift up the asphalt stripes to let your people pass:
viaducts are the new cathedrals
and we the worshipers of tar. Every three seconds
someone zebras or is flattened. We are all
functionaries of fear. For other reasons.

SUB SPECIE AETERNITATIS

ao Carlos

De manhã o lençol estava no chão.
Eis o requisito de uma poesia solar: os cabelos
espalhados pelo teu ombro e os meus dedos
batendo no teclado: "terra", "luz", "manhã clara
entrando pelo quarto". Revelo assim que o mundo
se translada para o interior da casa. Que a tua boca
determina a claridade da terra no movimento rápido
dos dedos. Não encontro a palavra "morte" no poema
e no entanto a ela me obrigo. Porque deus ordena
que domine sobre os peixes e as aves, sobre os animais
que se movem nesta mesma terra onde a cama se torna centro.
Senhor, queria eu multiplicar-me de outro modo.
Encher a terra sem pisar o pássaro, ou escamar o peixe.
Ordenas-me que goste das sardinhas sobre o prato.
Aí, sei eu que têm alma e ferro e muito mais.
Mas quem somos nós todos? E um a um?
Ninguém responde. Repetimos as mesmas perguntas
e a isso chamamos "vida". Manhã de nevoeiro absolutamente solar
na tua cama. As aves e os outros animais
já não escrevem poemas nos lençóis.
Só se multiplicam cada vez, cada vez mais em aviário.

SUB SPECIE AETERNITATIS

to Carlos

In the morning the sheet was on the floor.
This the requisite for solar poetry: my hair
spread against your shoulder and my fingers
on the keyboard: "earth," "light," "bright morning
entering the room." That's how I show the world
coming into the house. Your mouth
determining the clarity of the earth in the rapid movements
of my fingers. I do not find the word "death" in the poem
and nonetheless am obligated to it. For god ordains
that we must rule both fish and fowl, and all the animals
that move upon this very earth where the bed becomes the center.
Lord, I wish I could multiply in some other way.
And fill the earth without trampling down a bird or scaling a fish.
You ordain I love sardines upon my plate.
There, I know they have a soul and iron and plenty else.
But who are we, all of us? And one by one?
No answer comes. We repeat the same questions
and we call that "life." A morning mist absolutely solar
in your bed. The birds and other animals
no longer write poems on linen sheets.
They merely multiply and multiply in that battery of cages.

PROVA DA EXISTÊNCIA DA ALMA

Deixaste a ressurreição a meio.
Não me lembro de nada tão incompleto como ela.
O meu director fala de objectivos, fazemos mapas
e somos despedidos se. Ou temos prémios
e corrupção. Haja alguma arte em tudo isto.
Senhor, o teu corpo está seco na gaveta.
Estás no meio de nós coberto de bolor.
Nas palavras de São Paulo a criação teve parto e dores
em relação. Um prelúdio, sabemos hoje, prelúdio
sem mais nada. Os animais não aspiram à eternidade.
Nisto devia consistir a alma que lhes foi negada.
Por menos despediria eu um empregado.
O meu cão brinca a que eu sou o cão dele.
Atira-me um osso e corro atrás, todos corremos atrás.
Mas é assim que se sobe na vida porque aspiramos.
Prova provada de que temos alma.

PROOF OF THE SOUL

You left the resurrection half undone.
I can't remember anything quite as incomplete.
My boss speaks of goals, we draw up maps
and we are fired if. Or else we have rewards
and some corruption. May there be a bit of art in all of this.
Lord, your body is wilting in the drawer.
You are in the midst of us covered with mold.
In the words of Saint Paul, creation gave us birth and with it
pain. A prelude, we realize now, a prelude, nothing more.
Animals do not aspire to eternity.
That must have been the substance of the soul denied them.
I would fire an employee for less.
My dog pretends I am his dog.
He throws me a bone and I run after it, we all run after it.
That's how one knows in life why one aspires.
Proof proven: we have a soul.

PORCELANA IMACULADA

Ovo quente, porcelana branca, colher
ao lado. Golpe seco, a clara mole
e a gema a escorrer. Ovo de bolso,
3 minutos e uma galinha que durou pouco mais.
Pintainhos na trituradora e as fêmeas
crescendo para os ovos estrelados,
os bolos e as delícias conventuais.
Pior que favela: sem armas ou droga
para uma overdose antes do espaço ser menor
que o tamanho do corpo. Nas favelas sempre se
tem alcunha e muita raiva. E manha para fugir ao medo.
Aqui é o número dos ovos que nos conta os dias.
Um homem senta-se na mesa em frente
ao meu último ovo. Lê o jornal e nada.
A empregada prepara outro, quentinho.
Se calhar eu podia ter vivido menos um ovo
ou dois. Tido um nome por um dia, um nome
estilhaçado dentro da porcelana branca. Por esse dia
de mentira talvez acreditasse em ti, Senhor.

SPOTLESS PORCELAIN

Soft-boiled egg, spotless porcelain, spoon
in its place. A sharp blow, egg white soft,
trickling yolk. Pocket egg,
three minutes and a hen who lasted just a bit longer.
Chicks in the grinder and the females
living on for our fried eggs,
cakes, and convent delicacies.
Worse than a favela: no weapons or drugs
for an overdose before one's space grows smaller
than one's body. In the favelas at least you've got
a nickname and your rage. And the know-how for fleeing fear.
Here it's the number of eggs that keep count of our days.
A man sits at a table in front
of my last egg. He reads the paper and that's it.
The cook prepares another one, nice and hot.
Maybe I could have lived one egg less
or two. With a name for one day, a name
splintered there in the white porcelain. For that one day
of lies I might even, maybe, have believed in you, oh Lord.

STRIPTEASE (CARTAGENA)

Cidades deitadas umas sobre as outras.
O peso pode ser insuportável. Comemos relva
do dia sobre as camadas que se vão despindo
lentamente, a malha urbana dos cinco apelos
para a prece, e cinco sob os cinco de outra era.
Mais abaixo escavam agora gritos lancinantes
mesmo ao centro do anfiteatro romano.
Animais carnívoros perfuram o solo
até às raízes. Tenho de respirar
um pouco nos teus olhos e acreditar que podes despir-me
da verdade soterrada há tantos séculos sob a arena.
Foi aqui que os leões nos lamberam as feridas
mas ninguém bateu palmas.
Só batiam os pés no chão em algazarra
para que os devorássemos. Mas somos
palhaços herbívoros e mesmo a erva
dói a entrar no coração.

STRIPTEASE (CARTAGENA)

Cities sleeping one upon the other.
The weight must be unbearable. We eat today's
grass above the layers slowly
stripped away, the urban weave of five calls
to prayer, and five beneath the five of another era.
Lower down they now are digging up piercing cries
from the center of the Roman amphitheater.
Carnivorous animals tear the soil
to its roots. I need to breathe
a moment in your eyes and believe that you can strip me clean
of truths buried for so many centuries beneath the arena.
It was here the lions licked our wounds,
but no one clapped their hands.
They only beat their feet upon the ground, clamoring
for us to be devoured. But we are
herbivorous clowns and even grass
hurts as it enters the heart.

À BEIRA DA JANELA

ao Carlos

O pássaro amarelo morreu hoje,
mas não cheguei a vê-lo, ou à gaiola.
Ainda de manhã arfava pelo bico e era eu
quem piava como se pudesse saber em que língua
sofria. O Carlos fez-me chá e afagou-me a tristeza.
O amarelinho morreu só, mas há outra maneira de morrer?
Tudo fica de fora dos que morrem. Eles sabem que partem
sozinhos, e não saber mais nada é o nome próprio dos confins
do medo. Para não falar no sofrimento quase póstumo
em que se agarram à vida a troco de nada.
Foi assim que nos fizeste. Ofereceste a pior ignorância
e o saber mais certo. O pássaro amarelo
soube incertamente qualquer coisa e debateu-se
contra a voz insistente que o chamava.
Era do Carlos o amarelinho. Mas foi ele
quem escondeu o pássaro, a gaiola branca
e o lugar vazio à beira da janela.
Quem me pôs o chá no tabuleiro e mo sorriu à boca.
Quem me deu a boca e me embalou nos braços.
Talvez a morte do amarelinho nos salve. E a nossa morte
salve mais alguém. Mas salve de quê, em nome de deus?
Gostava tanto de saber do que estou a falar,
do que andamos todos a falar há séculos.
E muitos acreditam piamente e piamente sofrem.
E outros fazem sofrer e assim dizes Tu eternamente: ámen.
Dias depois o Carlos contou-me que tinha enterrado o pássaro
no quintal da mãe. Mas nessa tarde e sem morrer
salvou-me com o mesmo amor que nos morreste.

54

BESIDE THE WINDOW

to Carlos

The yellow bird died today,
but I didn't get to see it, or its cage.
This morning it was still gasping through its beak and it was I
chirping as if one could have known in what language
it was suffering. Carlos made me tea and caressed my sorrow.
Little Yellow died alone, but is there any other way?
Everything remains outside the ones who die. They know they leave
alone, and knowing nothing else is the very name of the furthest
reaches of fear. Not to speak of the suffering, almost posthumous,
in which they cling to life instead of nothing.
That's how you made us. You gave us deepest ignorance
and most certain knowledge. The yellow bird knew
something uncertainly and fluttered
against the insistent voice that called.
The yellow bird belonged to Carlos. But it was he
who hid the bird, the white cage,
and the empty space beside the window.
Who put my tea on a tray and made it smile on my lips.
Who gave me his mouth and wrapped me in his arms.
Perhaps the little bird's death will save us. And our death
will save someone else. But save from what, for god's sake?
I'd like so much to know what I'm talking about,
what we've all been talking about for centuries.
And many piously believe and piously suffer.
And others make us suffer, so sayest Thou eternally: amen.
Days later Carlos told me he had buried the bird
in his mother's yard. But on that afternoon and without dying
he saved me with that very love with which Thou died us.

SEU A SEU DONO

A pele espera nas coisas a carícia do uso
como o cão anseia pelo dono.
O bordo do copo, os dentes do garfo.
Usurpar os lábios entreabertos
com a alma útil e desinteressada.
Um gole de. Faz-se tarde.
O vinho faz esquecer a pele do copo.
Porque tocar (pensa ela)
é uma confidência nocturna.
Lá fora as flores. As sebes.
O ressumar de amantes no cálice.
Toco-te com mãos alheias:
eis toda a confidência de que sou capaz.
Um vestido de seda a abrir na minha perna:
um osso para te fazer correr:
um ganido de amor à porta do prédio.

TO EACH HIS OWN

Skin expects from things the caress of their use
like a dog eager for its owner.
The rim of the glass, the fork's tines.
To usurp half-open lips
with a useful and disinterested soul.
A swallow of. It's getting late.
Wine makes one forget the glass's skin.
For touching (she tells herself)
is a nighttime confidence.
Out there, flowers. Hedges.
The ooze of lovers in the chalice.
I touch you with another's hands:
that is all the confidence I can manage.
A silk dress half-opening over my leg:
a bone to make you run:
a yelp of love at the entrance door.

DECOMPOSIÇÃO DAS ALMAS

A eternidade começa na decomposição pessoal.
Quando era pequena as galinhas que passavam
sem cabeça pareciam dirigir-se a qualquer lado.
Iam apressadas na ignorância de que as galinhas mortas
estão fora do tempo porque a eternidade
só decompõe a alma. Sacrificam-nas pelo pescoço
e o sangue espalhado guarda-se numa bacia.
Não se serve em cálice, que as galinhas não são crucificadas.
Mas graças a ti todos os dias ressuscitam no aviário.
Tal como tu, Senhor, elas também não ocupam espaço.

DECOMPOSITION OF THE SOUL

Eternity begins with personal decomposition.
When I was little, the chickens that went by
without a head seemed to be heading somewhere.
They were rushing on, unaware that dead chickens
are outside of time, since eternity
decomposes the soul alone. They are sacrificed by the throat
and the splattered blood is salvaged in a bowl.
It isn't served up in a chalice, since chickens are not crucified.
But thanks to you, each day they resurrect in their battery of cages.
And just like you, Lord, they occupy no space.

A ALMA NA BOCA DOS ANIMAIS

Não olhem para trás a vida igual à morte.
A digestão dos sonhos é mais lenta do que
o destino final. Em qualquer língua o verbo ser
acaba sempre no matadouro. Vem depressa
beber o cálice sagrado. Escolhi um vinho e tanto
para a noite. Depois dispo-te a pele enquanto dizes:
toma-me, este é o meu corpo: eu sou
o meu corpo a caminho do teu. Não há enterro
que a carne e útil e a alma apodreceu na boca
dos animais. A substância imaculada da história
transmuta-se em matéria para gozo dos eleitos.

THE SOUL IN THE MOUTH OF ANIMALS

Don't look back at a life like death.
The digestion of dreams is slower than
our final destiny. In any language the verb *to be*
ends always at the slaughterhouse. Come quick
to drink the sacred chalice. I have chosen such a wine
for this night. Later I will undress your flesh while you say:
take, this is my body: I am
my body on its way to yours. There is no burial
for meat is useful and the soul has turned to rot in the mouths
of animals. The immaculate essence of history
is transmuted into matter for the delight of the chosen.

ARCA DE NOÉ

Mulher, vira-te de novo para trás.
É melhor desfazeres-te em sal do que casar
de sete em sete anos por engano,
morrer ou matar por comida
e ouro negro,
torturar-se porque se descrê
ou ficar à espera de ser alimentado lá em cima.
Ter de sentir a mea culpa que nos ensinaram.
Mea maxima culpa.
Tu mesmo te perguntaste porque nos fizeste
e te arrependeste.
Mas não o suficiente, não a máxima culpa.
Foi brutal teres afogado tanta gente,
mas salvaste alguns que se reproduziram.
E depois outros mataram com gás
e muitos fuzilaram.
Mas só tu mataste por bondade divina
e semeaste tanta convicção nos homens
que a fé ainda move as montanhas
onde as minas crucificam como pregos.
Oh Pai exemplar: o teu ensinamento
começa em casa e o estertor
do teu filho não tem fim.

NOAH'S ARK

Woman, turn and look again.
It is better to melt into salt than to marry
every seventh year, deceived,
to die or kill for food
and black gold,
to torment yourself through unbelief
or wait for nourishment up above.
To have to feel the mea culpa that they taught us.
Mea maxima culpa.
You yourself wondered why you made us
and you repented of it.
But not sufficiently, not the *maxima culpa.*
It was brutal to have drowned so many people,
but you saved a few who reproduced.
And later others killed with gas
and lots of others with their firing squads.
But you alone have killed through heavenly benevolence
and planted such conviction into men
that faith can still move mountains
where landmines crucify like nails.
Oh exemplary Father: your teaching
begins at home and the death throes
of your blessed son never reach their end.

CRESCEI E MULTIPLICAI-VOS

Hoje é dia de arraial.
Esses arraiais de fim de verão
em que todos bebem e ninguém é feliz.
Não tarda que a aldeia aproxime a faca,
as panelas fervam
e eu exale a minha carne tenra
ensanguentada: a minha carne engordada
para este ou outro dia.
Pode uma vida ser só
a preparação para um banquete
ou a refeição mais banal da casa?
Ter fé em deus é saber
que nada é padecido em vão:
um uivo de tristeza,
um zumbido de dor,
um cacarejar de medo:
porque deus é bondade
pelo servo mais pequeno e pelo infinito.
Afinal ter fé é só acreditar que seja fácil
a digestão da minha alma.
Quanto ao corpo, só espero que o galo
venha depressa comer-me.
Uma foda sempre faz esquecer
por uns minutos a música da morte.

GO FORTH AND MULTIPLY

Today is the village feast.
One of those late summer feasts
where everyone drinks and no one is happy.
Soon the village will come with its knife,
the pots will be bubbling away,
and I will breathe out my tender, bloodied
flesh: meat fattened
for this or another day.
Could life be nothing but
a preparation for a banquet
or a more ordinary family meal?
To have faith in god is to know
that nothing is suffered in vain:
a howl of sorrow,
a buzz of pain,
a clucking in fear:
for god is goodness
turned to the lowest of the low and to the infinite.
In the end, to have faith is just to believe that
my soul will be easy to digest.
As for my body, I only hope the rooster
comes quick for a final fuck.
Getting laid always lets one forget
for a minute or so the music of death.

A LÓGICA PODE SER UMA MADALENA

A está convicto que P.
Que em todos os mundos
(pensa A) seria sempre P o mesmo P
amável e capaz
solícito e ligeiro.
A convicção de A povoa os possíveis de
lealdade e carícias
e um sexo fabuloso.
Como se falássemos de uma certeza qualquer
inabalável e simples:
A saboreia o pão
que se vai entranhando na boca
até desaparecer
um pouco antes do sabor,
embora nada disto seja certo
e nunca inabalável
a persistência imaginária do sabor
pode afectar a memória e a literatura.
A está convicto que P:
o cheiro inconfundível,
as sementes de sésamo,
um pouco de canela.
A podia ser Proust
ou uma mulher apaixonada
e P uma madalena
ou o homem que viu de relance A
(o rosto de A)
quando ela ainda não estava convicta de P
mas já atravessava o mundo actual
com o coração ofegante:

LOGIC COULD BE A MADELEINE

A is convinced that P.
That in every world
(thinks A) P would always be the same P
friendly and efficient
solicitous and swift.
The conviction of A populates all possibles with
loyalty and caresses
and fabulous sex.
As if we were speaking of any certainty
unshakable and simple:
A tastes the bread
slowly melting in his mouth
until it disappears
a moment sooner than the taste.
Though none of this is certain,
less so unshakable,
the imaginary persistence of the taste
can affect memory and literature.
A is convinced that P:
the unmistakable smell,
the sesame seeds,
a bit of cinnamon.
A could be Proust
or a woman in love
and P a madeleine
or the man who caught a glimpse of A
(A's face)
when she was not yet convinced of P,
but was already crossing the actual world
with a panting heart:

uma válvula completamente subjugada
pelo futuro
olhando no rosto do outro
não matarás
não matarás.
O cheiro da madalena passa das narinas ao coração
depois de 7 volumes.
P já não olha A há 6 volumes
e Q entra no silogismo
escondida num quarto de hotel.
A convicção atravessa o mundo actual
sem saber que tem os dias contados.

a valve completely subjugated
by the future
seeing in the face of the other
thou shalt not kill
thou shalt not kill.
The smell of the madeleine goes from the nostrils to the heart
after seven volumes.
P hasn't looked at A for six volumes
and Q enters the syllogism
hidden in a hotel room.
Conviction continues to cross the actual world
not knowing that its days are numbered.

VIA SACRA

A semente estende os braços sob a terra
e nasces para a luz, o olhar atento
até aos ramos. Doçura do verde
que o calor matura: é grávida de sede
que concebes fruto.
Imaculado seja o manto
da tua sombra. Que assim seja
enquanto o tronco espessa
ano a ano
contra o calor
contra o frio que te despoja
das vestes
e te fustiga nua.
Tremes na ignorância
de que o teu corpo é a tua e nossa cruz
destinada antes de sempre
para todo o sempre.
Quando o machado desfere o primeiro golpe
olhas ainda a casa plantada até ao tecto
a que deste sombra.
Vês o fogo aceso,
a mesa posta,
o vermelho do vinho em cada copo.
Tu, nascida da semente sem pecado,
alheia ao sacrifício,
inocente de todos os males,
temente ao sol e à chuva,
ao capricho do vento,
a tua seiva goteja para o chão
e no padecimento da carne murmuras:

VIA SACRA

The seed spreads its arms beneath the earth
and you are born to the light, your gaze attentive
to the very branches. Sweetness of green
that warmth ripens: pregnant with thirst
you conceive fruit.
May the mantle of your shadow
be immaculate. So be it
while the trunk thickens
year by year
against the heat
against the cold that divests you
of your clothes
and whips you naked.
You tremble not knowing
that your body is your and our cross
destined before ever
forever and ever.
When the ax strikes the first blow
you are gazing still at the house, planted to its rooftop,
to which you give shade.
You see the fire burning,
the table set,
the red of wine in every cup.
You, born of a seed without sin,
a stranger to sacrifice,
innocent of all evil,
reverent of sun and rain
and of the wind's caprices,
your sap trickles to the ground
and you murmur in the anguish of the flesh:

pai, afasta de mim este cálice.
Árvore santa dolorosa
golpe a golpe se esvai o teu corpo,
a seiva alastra pelo solo
e gritas angustiada: Pai,
porque me abandonaste?
Mas ninguém responde,
ninguém te ressuscita.
Tão pouco sabes que a alma é um luxo humano,
que não és tu sentada à direita
de deus pai e que o teu reino já teve fim.
Como vês, a crença Nele é fervorosa e grande:
a medida exacta da nossa miséria.

father, take this cup from me.
Oh, sacred, piteous tree,
blow by blow your body vanishes,
sap spreads across the ground
and you, in agony, cry out: Father,
why hast Thou forsaken me?
But no one answers,
no one resurrects you.
Nor do you know the soul to be a human luxury,
that it isn't you seated to the right
of the father-god and that your kingdom is already at an end.
As you see, faith in Him is fervent and immense:
the exact measure of our misery.

SEM LIVRO DE RECLAMAÇÕES

No princípio era o verbo
e agora ninguém responde.
O marido, a amante, a família e os amigos,
todos alinhados sobre as campas.
Começam pela oração ou o correspondente laico
e logo passam às súplicas e aos subornos.
Os cemitérios são repartições públicas.
Por isso não há respostas.
Há noites mal dormidas pelas razões erradas.
Esta noite a cama tremeu três vezes. Os teus balbucios
na minha boca. A tua pele húmida. Sou o teu epitáfio?
A família e os demais continuam a acorrer aos balcões
sem os formulários preenchidos.
Os mortos já não pertencem às respostas.
Qualquer adjectivo apodrece como as flores.
Qualquer frase se decompõe sem sujeito.
Sou apenas uma tatuagem na tua campa.
No princípio era o fim.

74

NO COMPLAINT BOOK

In the beginning was the Word
but now no one answers.
The husband, the lover, the family and friends,
all gathered round the graves.
They begin with prayer or a lay equivalent
and quickly pass to supplications and to bribes.
Cemeteries are bureaucratic offices.
That's why there are no answers.
There are nights of little sleep for the wrong reasons.
This night the bed shook three times. Your whispers
in my mouth. Your moist skin. Am I your epitaph?
The family and the others continue to come to the counters
without their paperwork complete.
The dead no longer belong to answers.
Any adjective decays just like the flowers.
Any sentence breaks apart without a subject.
I am a mere tattoo there on your grave.
In the beginning was the end.

A MORTE DOS ANJOS

para o Joni

Foram as larvas (pensa ela).
Enchiam o carro
e guiavas entre as asas
com os olhos cheios de borboletas.
Depois ficámos com o cheiro a naftalina.
Foi um presságio (diz-me várias vezes).
Agora não há asas que se agitem
diante dos teus olhos.
A morte dos anjos faz parte deste processo
contra a inocência.
A naftalina também.
O mesmo peso quando se evaporam
desce sobre os ombros
carregados de tangerinas.
Estendemos um gomo a um pobre
e ele ri-se na nossa cara
como se a eternidade fosse essa gargalhada
que fede a naftalina.
Os ombros desmoronam como uma árvore
deitada abaixo por um temporal.
uma árvore que resistiu a tudo:
sussurrávamos entre os ramos
e os segredos de infância,
antes das larvas e da naftalina.
Subitamente um casulo, uma outra data
aposta ao nascimento por um traço de união.
Que se dane. Não dou um cêntimo contra a inocência.
Se és deus, ressuscita os anjos. Eu cá em baixo
não espero peva a não ser um pouco de pudor da tua parte.

THE DEATH OF ANGELS

for Joni

It was the larvae (she tells herself).
They filled the car
and you drove among their wings,
your eyes filled with butterflies.
Later there was just the smell of camphor balls.
It was an omen (she tells me again and again).
Now there are no wings beating
before your eyes.
The death of angels plays a part in this proceeding
against innocence.
Mothballs as well.
The same weight, when they evaporate,
drops upon our shoulders
laden down with tangerines.
We hold out a slice to a beggar
and he laughs in our face
as if eternity were in that belly laugh
with its mothball stink.
Our shoulders collapse like a tree
doubled over by a storm,
a tree that has withstood it all:
we used to whisper among its branches
and those secrets of our childhood,
before the larvae and the naphthalene.
Suddenly a cocoon, another date
linked by a dash to the date of birth.
Fuck it all. I won't kick in a goddamn cent against innocence.
If you are god, raise up the angels. I, down here below,
expect zilch from you, just perhaps a drop of shame.

Mas continuas a exibir o sofrimento das larvas,
da tua mãe santíssima, dos teus pregos a escorrerem
sangue, um sangue que é puro desperdício.
Se ao menos fosses dador universal.

Eu e ela só tínhamos borboletas nos olhos
e pensávamos que os anjos nos guiavam:
mas eram só diplomas de médicos espetados
contra o vidro, só batas sujas de presságios.

But you continue to parade the suffering of your larvae,
of your holy, holy mother, of your nails dripping
blood, blood that is purely a waste.
If at least you were a universal donor.
She and I: all we had were eyes filled with butterflies
and the thought that angels were guiding us,
but it was just medical degrees pinned
beneath glass, just dirty and foreboding gowns.

TRANSLATOR'S REMARKS

Rosa Alice Branco structures a poem the way Picasso structured Ma Jolie's face or Guernica's anguish. Her very syntax invites a multifaceted contemplation of the human condition. Her aesthetic complexity rivals and reveals the perplexing and often painful truths we must live with. Her art never lets us off the hook. We suffer and yet are gratified. We squirm and we learn. Growing isn't easy, but, as we try to convince our children and our students, it widens our world.

As a professor of literature and as a translator, I find myself turning again and again to the ancient Greek concept of *agon*. I try to teach my students that through *agon*, the struggle, we can be transformed. In my work with Rosa Alice Branco, I have found our collaborative efforts to be a most rewarding incarnation of *agon*. Without Rosa Alice's active participation my efforts would have been in vain. I would have been lost. But together, two people, moved by two languages, are able to wrestle into place a new construction of words, a new formulation that, through its grammar, its syntax, and, most of all, its particular music, attempts to communicate the felt truths suggested by the original poem. At times the attempt feels hopeless, yet at times the result feels sublime.

One of the small miracles that have graced our efforts are those unexpected moments when Rosa Alice leaps upon a colloquial phrase in English with utter conviction. The other day, as we began work on a new book, it was she, not I, who landed a most lively American fish indeed and that was "a piece of cake." Though the phrase exists in Portuguese as well, she hadn't used it in her original poem—and yet it took on a deep rightness in English. Translation is rarely a "piece of cake," but a sudden discovery of consanguinity through such a homegrown expression can "make one's day." And surprisingly enough, in this case it is the foreigner who often feels the aptness of an American expression more quickly than her official American cohort. This process is a mystery to me and all I can do is gape and grin in gratitude.

I have discussed this *agon* often with Rosa Alice Branco. And recently she gave me a new perspective. She knows I have been a chess player my entire life and suddenly she said: we are like chess players, imagining the future, but in this chess game, instead of playing one against the other, we play together, and in the end it is the poem that is the winner.

I hope that happy resolution of the creative and recreative *agon* has also extended to you, our readers, giving you the same sense of challenge and reward that we, poet and translator, have shared over all the years of our collaboration.

ALEXIS LEVITIN
Porto, Portugal
August 2016

ACKNOWLEDGMENTS

Absinthe: "Silk Road of Blood," "Paths That Lead Nowhere," "Prescriptions for the Soul," "Black and White"

Asheville Poetry Review: "Tasks of the World"

Connecticut Review: "Animals of the Earth"

Florida Review: "Exchange of Blood," "Beside the Window"

International Poetry Review: "Logic Could Be a Madeleine," "Via Sacra"

Massachusetts Review: "Divine Caress," "Decomposition of the Soul," "No Complaint Book"

Parthenon West: "Water on Stone," "The Vespas of Palermo," "Spotless Porcelain"

Per Contra: "Rape and Run," "Day of the Dead," "Savings Bank," "Only the Cats," "More Is Less," *Sub Specie Aeternitatis*, "To Each His Own," "The Death of Angels"

Pleiades: "One Less"

Plume: "Noah's Ark"

Rowboat: "Like a Log," "Parable of the Talents," "Proof of the Soul," "Striptease (Cartagena)," "The Soul in the Mouth of Animals," "Go Forth and Multiply"

St. Petersburg Review: "Wounded Sabotage," "Laughter in the Grass"

Two Lines: "The Dog That Had Me"

My great thanks to Rosa Alice Branco, who over the years has been an energetic, cheerful, and generous host during my many visits to Porto. Working together on this book enabled us to share our love of language and our love of life. It was a collaboration of the mind, the heart, and the ear. I also owe thanks to the continued support I have received from SUNY Plattsburgh. Gratitude also to Daniel Slager of Milkweed Editions, for the confidence he showed in supporting this bilingual project.

Amadeu Baptista

ROSA ALICE BRANCO is a poet, essayist, and professor of philosophy. She has published eleven volumes of poetry in her native Portuguese, which have been translated and published widely throughout Europe and in other territories from Tunisia to Quebec. In English, her work was featured in *New European Poets*, and has appeared in over forty literary magazines, including *Absinthe, Atlanta Review, Massachusetts Review, Mid-American Review, New England Review, Pleiades, Prairie Schooner,* and *Words Without Borders.*

Nick Levitin

ALEXIS LEVITIN translates works from Portugal, Brazil, and Ecuador. His forty books of translation include Clarice Lispector's *Soulstorm* and Eugenio de Andrade's *Forbidden Words*. His more recent books include *Blood of the Sun* and *Tiger Fur* by Brazil's Salgado Maranhão, *The Art of Patience* by Portugal's Eugenio de Andrade, *Tobacco Dogs* by Ecuador's Ana Minga, and *Exemplary Tales* by Portugal's Sophia de Mello Breyner Andresen.

Interior design by Mary Austin Speaker
Typeset in Century (text) and Futura (titles)
by Mary Austin Speaker

Century was designed by American typeface designer
and inventor Linn Boyd Benton in 1894, having been
commissioned by master printer Theodore Low De Vinne
for use in *Century* magazine.

Futura was designed in 1927 by Paul Renner
as a contribution to the New Frankfurt project, an affordable
public housing program and accompanying magazine of the same
name, both of which were dedicated to international tendencies in
architecture and renewal in art, housing, and education.